그리움을 기다려도 될까요

2024년 7월 19일 제 1판 인쇄 발행

지 은 이 ㅣ 우인식
펴 낸 이 ㅣ 박종래
펴 낸 곳 ㅣ 도서출판 명성서림

등록번호 ㅣ 301-2014-013
주   소 ㅣ 04625 서울시 중구 필동로 6(2층·3층)
대표전화 ㅣ 02)2277-2800
팩   스 ㅣ 02)2277-8945
이 메 일 ㅣ ms8944@chol.com

값 10,000원
ISBN 979-11-94200-05-5

> (재)순천문화재단 2024 창작예술지원 공모사업 선정작
> 후원: 순천시, (재)순천문화재단

※ 잘못 만들어진 책은 바꿔드립니다.
　이 책 내용의 일부 또는 전부를 재사용하려면
　반드시 저작권자의 동의를 얻어야 합니다.

그리움을 기다려도 될까요

우인식 제5시집

도서출판 명성서림

1

12 | 詩人?
13 | 칠게 동네
14 | 첫 가을비와 수제비
15 | 수달의 향수
16 | 순천만 겨울
18 | 석류나무와 외할머니
20 | 고향의 새
21 | 해운대
22 | 칠월의 햇살
23 | 봄 편지
24 | 푸른 별아
26 | 저어새, 밥그릇
27 | 천은사
28 | 근면한 태양
29 | 여윈 가을
30 | 아침노을
31 | 밤송이
32 | 애별리고愛別離苦*
34 | 해바라기
35 | 수박의 두 계절
36 | 화중화花中和
37 | 칠불사
38 | 빨랫줄 다이어트
39 | 오레아데스
40 | 추석
42 | 하얀 종소리
43 | 보일락 말락
44 | 단풍 시기를 점치고
45 | 수양버들

2

신경림 시인님 | 48
목탁과 동자승 | 49
누군가가 | 50
춘백 | 51
징 소리와 밤 | 52
어느 님의 내음일까 | 53
참교육 | 54
평화의 정령 | 56
붉을 홍 | 57
수양버들 | 58
행복한 점심나절 | 59
꽃잎이 전하는 날 | 60
회색 포구 | 61
부언낭설浮言浪說 | 62
아이 피싱 | 63
어린 봄 | 64
첫봄과 통도사 | 65
겸양 | 66
그 눈썹 | 67
빨, 주, 노 | 68
N극, S극, | 69
우듬지 생각 | 70
행복이란 | 71
너, 나 | 72
씨방 | 73
교감하는 아픔 | 74
교육의 뒤안길에서 | 75
바다 추수철 | 76
주황색 빛깔 | 77
거울이 내게 | 78

그리움을
기다려도
될까요

1/부

첫 가을비와 수제비

숲이 색동옷을 입기엔
저만치인데
가을비, 축축하게 새벽부터
잘금잘금 내린다
몸살기가 있다는 그녀를 위해
수제비 육수에
멸치, 마른 새우,
다시마도 넣고
간장도 조금
파르르 짜다 한 국자
떠내고 다시 떠낸 만큼
또 붓기를 여러 차례
한 그릇 담아 고해성사
마음으로 주었다
아니 바쳤다고 해야 하겠다
맹탕에서 수제비 낚시하던
아내의 눈빛이
'그래 성의를 봐서 먹어 줄게'
두 사람의 소리 없는 미소 속에
사십 년 넘게 함께한
사랑의 조미료가 있었다

수달의 향수

산 그림자가
스멀스멀
강섶으로 내려오면
지난해 여름 수해에
떠내려온 수달이
섬진강 어귀를
파란 이끼에 그려 보다
고개를 갸우뚱갸우뚱

겨울 속으로 봄을 낚으려
휘익 낚시를 던지고 있다

석류나무와 외할머니

파란 하늘 곱던 날
엄마 손잡고
외할머니 집 갈 때 하늘에 노닐던
낮달도 함께 가고

외할머니 미닫이를 배옥이
여시고
아가 왔냐?
누가 우리 애기
감 하나 따 줘라
외할머니는 손을 잡고 몇 번이나
머리를 쓰다듬어 주시던 따뜻한 마음이
오늘따라 더 그립고
아직은 맛이 온전히 덜 들어
약간 떨떠름했지만 그래도 마음은
여느 과일보다도 달았다
어머니,
외할머니가 보고 싶은
구월이네요

하늘이 점점 높아지는 계절이 되니
아가 어서 와라
외할머니 음성이 들리는 듯하네요

고향의 새
– 소녀상

단발머리 소녀 어깨 한 마리 새
우리 동네 싸리 담장에
앉아 있던 새일까

너라도 내 옆에 앉아 있어 주니
고향 집 마루에 앉아 있는 것 같다
동네 어귀 벅수는 여전할까

가보고 싶지만 맨발로 갈 수도 없고
어느 쪽으로 가야 할지 가늠이 안 선다
뒷산에 밤톨 줍던 칠복이도 잘 있을까

근데 지금은 몇 시나 됐을까
동쪽은 서쪽은 어디지,
서러운 비바람 눈에 들어갔는지
맨발에 눈물방울 뚝뚝 떨어지고 있다

해운대

해무가 떠 있는 희뿌연 해운대
돛배가 봄기운도 수척한
해풍 속을
잔잔히 헤엄친다

오늘도 동공이 배꼬리
포말을 기웃하며
말없이 움직인다

계절은 오는데 느낌이 없고
바람은 오는데 울림이 없다
또 언제 올지 모르는
돛단배를 바라보며
지친 듯한,
동공 해풍에 씻기운다

- 1975년 해운대에서

칠월의 햇살

새벽 햇살이
칠월을 깨우자
능수버들은 미풍에
색한삼처럼 살랑이고
배롱나무가
진분홍 꽃봉오리
터트리는 새벽
강섶 바위에
백로 외다리로 서서
징검다리 건널 생각에
고개를 갸웃하고 있다

봄 편지

설 지나면 예쁜
햇살들이 여기저기
꽃처럼 필 거네요

겨우내 차가웠던
생각들에 햇살 꽃을
피우게요

힘차게 노래하는
파도 목소리 만나러
서귀포
함덕해변을 걸어보게요

마음이 내키면
되도록 소 눈망울처럼
큰 창이 있는 카페에서
첫봄이라
부끄러워 붉어지는
노을 꽃을 보다가
서럽도록 그리웠다는
엽서 하나 보내게요

푸른 별아

큰형님 가신 곳도
해돋이가 있으신가요
먼 곳으로 여행을 가면
별빛이 된다던데
아무리 봐도 형 닮은
별이 보이지 않는 까닭은 왜일까요
초등 입학 날 가슴 한편에 손수건
달아 주시던
어머니별은 어디서
반짝인가요
작은형 별빛은 유난히
저 푸른 별빛일까요
군성群星들 저리 호수 윤슬처럼
많은데 당신들 별빛
안 보인 것은 왜일까요
아!
유성이 날아오네요
알았어요
"너무 안타까워하지 마라"
네, 그럼 또 새해에

푸른 별빛을 찾아 볼
참이에요
노래 한 곡 불러드릴게요

별아, 별아, 밝은 별아
잊고 싶지 않은 푸른 별아
못 잊을 은빛 별아
영원히 사랑해!
만져보고 싶은 별아

저어새, 밥그릇
- 순천만

어디서 왔을까
머드팩 했을 것 같은
신발 한 짝
저어새가 제 밥그릇인
줄 아는지
콕콕 찍어 보더니
먹을 것이 없는지 고개를 갸우뚱, 갸우뚱
신발 끈을 밥풀로
아는지
부리로 쪼고 있다

천은사

단풍 하! 곱다고 하여
지리산 뜨락이라도
보겠다고
보제루*普濟樓에 올라
한지 창 여니
정령치 숨결일까
노란 부채 같은 잎이
꽃처럼 피어
대웅전을 우러러보고
가을이 노란 빛깔에
풍덩 빠져 아찔하다

---

* 보제루(普濟樓) : 전라남도 구례군 광의면 천은사(泉隱寺)에 있다.
　　　(법당 대신 설법하기 위하여 지은 누각)

근면한 태양

산봉우리는 아직도
캄캄한 것이
잠을 자는 것 같다
어슴푸레 밝아 오는 여명
동해 수평선 어디선가
쭈욱 고개를
내밀고 있어서
대지는 밝아 오고
물상들 반가이
손을 들어 맞이하고
새들은 끼륵끼륵
합창한다
우주를 가꾸려
농부가 새벽 논을
보러 나오는 것처럼
지구에 여름 해만큼
부지런한 이는 없을 것 같아
근면상을
수여해야겠다

여윈 가을

여윈 가을날
그대 이름 불러보니
대답 없는 앞산에
붉은 단풍만 팔랑이고
이제 겨울 오면
저 우듬지 하얀 꽃
피어나면
빨간 털목도리에 초설 얹고
오시려나
기다려지는 발걸음 소리
들리는 듯한 여윈 가을날

아침노을

노을이 백일홍 빛깔로 물들었다
참! 물결 마음이 너르기도 하지
다홍빛을
다 받아 주고 있다
아니 꼬옥 안아주고 있다
잉어가 앵두 빛을
맛보려는지 입을 쩍쩍 벌리는 새벽

밤송이

갈맷빛 봉우리
구름 몽실몽실
숲에 밤송이
상어처럼 입을
벌리고 있다
몇 날 지나면
송편이라도
먹고 싶은지

애별리고愛別離苦*

봄볕도 졸린 듯한 오후
담 하나 사이로
여고 남고가
가지런히 놓여 있다

언제부턴가 궁금했던 여학생이
담장을 까치발로
넘어다본 순간
항상 여학교가
궁금했던 남학생과
딱 눈빛이 마주쳤다
소스라치게 놀란 가슴
쿵 쿵 교실로
달렸다
자목련이 몇 번 피고 지는
동안
그 여학생은 미술 교사가
되었다고도 하고,
한 학생은 시인이
되어 있었다

산빛이 무지갯빛으로
절집이 곱게 물들어 갈 때
교사와 학생들 몇이 겹벚꽃 아래
사진을 찍느라 수런수런한다

시인은
사르락사르락 걷다가
꼭 어디서 본 듯,

여인은 몇십 년 전 혹시
그 얼굴?
두 사람은 고개만 젓는다

설마, 아닐 거야, 아니야!!
무심한 봄날은
"애별리고*, 거자필반", 하며
가고 있다

---

* 애별리고 : 팔고八苦의 하나 사랑하는 사람과 헤어지는 괴로움을 이른다.

해바라기

구름은 바다를 건너
태평양으로 가고
나는
해바라기 사이를
걷고 있다
종일 햇볕은
옥수수염에 검붉은
칠을 하고
나는 구름 바라기 되어
뭉게구름 어디로 갈까
어림셈해 보고 있다

수박의 두 계절

진녹색 옷
여름이고
속은 아기단풍처럼
붉어져 간다.
여름이 가을을 만들고 있다

화중화花中和

새하얀 꽃잎
초록 잎이 등잔대처럼
받히고 있다

무더운 여름날 슬몃슬몃
전해오는 연향 소담스럽다
어느 대웅전 향 같기도 하고

사미니 아까부터 가만가만
봉우리 속을
들여다보는 초하의 한낮
풍경도 곤한지 소리가 없다

칠불사

아자방지亞字房址*
보려고
십수 년 만에 왔더니

공사 중이라 못 보는
퉁명스러운 마음
계단에
앉아 있다

살살이 꽃 노니는 도량에
어느 정수리 윤슬처럼
반짝이며 걸어간다

부처님께 하직 경배하고
모색 짙어지면 은어 빛 같은
달빛 흐를 섬진강
살랑살랑 손 흔드는 억새 사이로
첫가을과 함께 내려간다

* 아자방지 : 하동 칠불사 아자방지(河東 七佛寺 亞字房址)는 경상남
  도 하동군 화개면 범왕리, 지리산 칠불사에 있는 신라시대의 아亞
  자 방 터이다.

빨랫줄 다이어트

아침나절 옷가지들을 널어놓았더니
불룩하게 쳐진 것이
아랫배 같다
종일 매달려 포항浦項 덕장
과메기*처럼 마르더니
줄이 팽팽해진다

요즘은 빨랫줄도 다이어트 하나?
생각이 다이어트 다이어트 하더니
모든 게 군살 빼기로 보이는 것이
심리가 오류를 범하는 것은 아닌지
너무 마르면 체력이 약해 수술도
못한다는데 안타깝구나

* 과메기 : 꽁치를 차게 말린 것

오레아데스

산, 들에 꽃을
가꾸는 여신
손길이 분주하다
노랑 산수유
구례 화엄사 홍매
꽃들 사이로 간간이
바위들도 놓고
여신의 수목원은
꽃들이 춤추고
바람은 꽃들과
따스한 입맞춤이
한창이다

* 오레아데스 : 그리스 신화에 나오는 산야의 요정

추석

길게 늘어선 줄에
말뚝박기하는 소년처럼
나도 한 편에 섰다
다들 손에는 선물꾸러미가
들려 있다

발권은 했지만
내가 가는
고향 집에 누가 있기나
할까?

그래도 난 고향길 가는
틈에 서 있다
고향에는 누가 있기나
한가?

그런데 장항선을
아니면 강릉행,
몇십 년이 지나
기억도 가물거린다

내 고향 가는 열차는
언제 오지?
텅 빈 대합실만
덩그러니 혼자 남아 있다

하얀 종소리

함박눈이 내리는 날
할머니 화롯가에서
봄이 되면 입학한다고,
아기단풍 잎 같은 손으로
가로, 세로, 막대를 맞추느라
연필을 쥐고 있는 내 손을 잡고
엄마는 마치 그림을 그리듯
반듯반듯 써 주셨습니다
하얗게 센 머리칼이
오늘은 더 허전합니다
함박눈이 허공에 소리 없는
하얀 종을 칩니다
나는 그 위에 글씨를 씁니다
어머니,
어머니!
참 이상합니다
허공은 침묵합니다

보일락 말락

보랏빛 꽃잎

나뭇잎 사이

보일락 말락

그 앞에 내 맘

보일락 말락

단풍 시기를 점치고

한 점 구름 없는 천공
과히 좋아 강섶에
앉아 첫가을 바람 향을
느껴 본다

간간이 철 지난 매미 소리
구슬프다고,

하동포구河東浦口 전어가
팔딱팔딱 수면으로
튀어 오르는 소리
들릴 듯한

아직은 영글지 않아 푸르께한
수줍은 갈대 사이로
앙증스러운
노랑나비 친구도 없이
혼자 소풍을 나와 단풍 시기를
점치고 있다

수양버들

수양버들아
나들이 나왔구나
첫봄을 보려고

너의 모습을 흔들리는
물결에 참 잘도 그린다
색도 예쁜 연초록
물감으로
너를 보니 뽀얀 달무리 같은
목련이 생각나는구나

그리움을
기다려도
될까요

2/부

신경림 시인님

우주의 시간으로는
점 하나같은 시간

푸른 물결에 떠 있는
거품처럼

어느 장미 향 곱던 날
홀연히 떠나가신 선생님

원고지에 점, 점 찍으시더니
노랑꽃창포 고운 날
우주에 점 하나처럼
하늘 문을 여는 소리도 없이
떠나셨습니다

목탁과 동자승

산 중턱 암자
뒤꼍에 앵두가 빨갛게
익었다 곱기도 하지
동자승이 구슬 같은지
이리저리 보더니
한 입, 한 입, 따먹더니
그도 심심했던지 목탁을
만지작거리다
그만 잠이 들어버렸다
포행에서 돌아오는 스님 발자국
소리도 못 듣고
곤하게 잠을 자고
봄볕이 장끼 깃털을 쓰다듬어
보는 한낮
난꽃향이 고즈넉한 법당에서
부처님께 공양으로 올리고 있다

누군가가

누군가 내게
물어본다

"여자를 좋아하냐고"
그렇다

"왜"

아내가 여자이기
때문에

춘백

소복소복 함박꽃 같은
웃음들
지상에 앉아 있다

갑자기 부는 소소리바람에
꽃송이가 움츠리고

가련한 이들이 기다리는 건
살가운 햇살이려니

징 소리와 밤

툭 투둑 초저녁부터
내리더니
한밤중에는
불꽃놀이 하느라
섬광을 번쩍이며
징 소리도
신명 나게 한바탕
새벽까지 놀더니

저도 다리가 아픈지
꽃숭어리에 앉아 있다
어떤 은방울은 아예
연잎에 모여 담소를 하고
자그마한 빗방울은
미끄럼을 타고 있다

어느 님의 내음일까

가느다란 소리에
창을 배옥이
열었다
풀 내음 나기에는
이른 삼월인데
잔잔한 비에서
묻어오는,
아직 한 두어 개 피는
낮에 본
어린 벚꽃 내음일까
소담히 두 손 모은
하얀 목련일까
잠결에 열어 본
창문에서 나는
야릇한 내음은
어느 님의 내음일까

참교육
- 이창렬 선생님

언론인이 되려고 신문방송학과를 다니다
그때 만해도 어려운 세상이라
한입이라도 덜기 위해 동생 둘 데리고
훈련이 엄하다고 다들 기피 하던,
지원할 곳은 해병대뿐
힘든 해병대를 삼 형제가 지원했다고
당시에 신문에서 대서특필했다
보초를 마치고 오는 데 잘못도 없는 동생을
기합을 주려고 추운 곳에 방치한
선임에게 거세게 항의하기도 했다
신문기자가 꿈이었지만 제대 후
복학하려는데 폐과되어
마침 경희대 지리학과에서 전액
등록금 장학제도가 있어
편입해서 부득이 지리학 교사가 되었다
지금도 팔순 고개를 넘기셨지만
옥상에서 고무대야에 채소를 가꾸시느라
아픈 허리를 겨우 지탱하고
가을이면 대파, 호박 자식들에게
나눠 주시는 부지런한 모습에

자식들도 근검절약으로 살아가고 있다
오늘따라 유난히 하얀 구름 그림자가
선생님 머릿결을 매만지듯 지나간다
지금은 반백이 된 제자들
우리가 자취해서 변변히 먹을 게 없다고
댁으로 우리를 데리고 가셨을 때
사모님께서 성심껏 차려 주신 따뜻한 밥상이
지금도 그때 생각하면 눈시울이 뜨거워집니다
언제나 용기를 갖고 슬기롭게 살아
갈 수 있게 해주신 한량없는 은혜에
감사드립니다
스승님,
제자들 음성이 들리는 듯!

평화의 정령

꽃은 평화의
    어머니다

붉을 홍

그날을 기다리며,

네 마음이 저리
 붉으냐
내 마음이 이리
 붉으냐
홍매화 붉은 날
 온다고 해서
마침 보슬비 온다, 하니
 빗방울 머금으면
더 붉어지려니
 그날이 오면 꽃 그림자
손에 들고 기다리고 있을게

그날을 기다리며,

수양버들

얼음판이 거울 같은지
휘휘 수양버들 초리
빗질하고
배가 고픈 물오리
얼음판을 꼬나보고 있다

행복한 점심나절

햇살이 한 줌 한 줌
부려 놓더니
쫘악 장판지 펼친 듯,

부지런한 햇볕을
밟고 정오 잠시 짬을
내어 걷는 무리

내일은 불금이라
주말에 어디를 갈까

동료들과 의논하는
입가에
웃음 가득한
한나절 산책길은 梅香도 함께 걷고 있다

꽃잎이 전하는 말

꽃잎은 왜 저리 고와
마음을 흔들까요
그런데 지는 이유는
뭘까요
말 다 하지도 못한 것 같은데,

"그리 행복해하니
그대 두고 차마 떠날 수가
없네요
잠시 기다리면 또 올 텐데"

회색 포구

안개는 좀처럼
걷히지 않는다
바다 건너편
빨강 비치파라솔만
유일하게
나를 바라보고
잠시 눈은 산 능선을
보고 있다
가느다란 햇살 뒤에
회색빛은 숨었다
수평선 따라
흰 여울은 배를 밀고
빨간 꽃봉오리 수줍다
봄이 걸어오는 소리가
들려오는 것 같다
사르락사르락 남해에서
아니면 거문도에서?

부언낭설浮言浪說

푸르름이 동해 물결처럼
넘실거린다
가슴들 샛노란 색깔에
행복하다
다 변한데 변치 않는 것은
정치政治
다 그런 건 아니지만

어떤 이들은
 날마다 만우절
갈매색은 날로 짙어가는데

아이 피싱

썰물이 떠나면서
정표로 남겨 둔
낙지 한 마리

아이 피싱
가슴에 담아 와
탕탕이 낙지처럼
고르게 다지듯

탕탕탕 다지고
있다
한 접시 멋진
시가 나오려나

어린 봄

엷은 박무를
헤치고
어린 참새 한 마리
이제 막 움트는
수양버들 초리 사이로
어린 봄을 훔치는
시늉하는
박무 낀 어린 새벽

첫봄과 통도사

봄볕 하, 고와
벤치에 누워
햇살 이불 삼아
고이 한숨 낮잠
자며
양산 통도사
매화 꽃잎 날리는
꿈을 꾸었으면
하, 눈 부신 햇살
남실남실한 날

겸양

맥없이 솔방울 떨어진다
툭, 투둑 두 개가
바닥에 떨어진다

첫 번은 겨울이 간다고
안녕

두 번째는 봄에게
양보하는 소리

자연의 섭리에 순응할 줄 아는
겸양의 소리

그 눈썹

봄이라고는
하지만
차가운 바람이
온종일 불더니

눈썹이 참 곱다

너 보니 몇십 년 전
눈썹이 아득히
떠오르네

나만 저 맑고 고운
초승달을 보고 있는 건
아닌지,

빨, 주, 노

빨주노초파남보
그 가슴은 몇 개일까

내 마음 크레파스는
몇 종류나 될까

그가 가지지 못한 색을
내가 채워줘야 할 것
같은데

N극, S극,
– 홍매

강한 N극 자력이 툭!
돌아보니

고매한 향

붉은 연지 같은
얼굴들,

S극에
이끌리어

향기를 쓰다듬다
가슴에 총총히
새겨 넣어 두려고
내년 이맘때까지,

우듬지 생각

창에 한 그루 비치네
하얀 모자를 푹
눌러 썼네
눈송이에 글자 몇 개
썼네
모두 하얀 옷으로
갈아입자고 하네
물상들 마음 순백이 되어
예수님 생일파티
가자고 하네
그날 동방박사 오실까
산타할아버지 눈썰매
오르시네
아이들은 꿈속에서
순록 발걸음 소리 듣네
하얀 엽서들 가지런히
가지런히 오고 있네

행복이란

안개꽃을 봐도
예쁘지 않다

그때만 생각만 하면
한없이 분노한다
어둠의 과거를 먹어서
그런 것이다

꽃 피는 언덕을
담쟁이처럼 올라
밝은
미래를 먹어 보자

난 오늘도
행복을 먹으려 하고 있다

너, 나

나 한 발짝
너도 한 발짝

나 두 발짝
너도 두 발짝

주춤거리니
너도 주춤

가만히 보니
너도 나를
유심히 보고

집에 가는데
너 또 앞서가고

낮달아
혹시 우리 옆집 사니?

씨방

순간 쓰러진 어머니
안고
응급실 달려가는데
홀씨처럼 가볍다

한 살배기 나를 안고
잠을 재워 주시던
어머니 이젠
내가 안아 자리를
옮겨 드린다

민들레처럼 꿋꿋한 삶을
사셨지만
이제 홀씨 되어,
"우리 막둥이가 날
이렇게 훌쩍 안아
올리다니"

어려서는 어머니가
수십 년 후 내가
한 삶이 씨방 같구나

교감하는 아픔

나지막한 산자락에
자그마한 봉분 옆

가족처럼 보이는 이들
마치 아무 일 없다는 듯
서로 눈길을 피하고

휠체어 여성 낮달 응시하는 듯
충혈된 눈 애써 감추려 한다

침묵을 깰까 싶어 그 옆을
숙연히 지났다

다리가 불편한 여성의 반려견이자
친구였을 것 같다
한쪽 마음이 없는 오늘 밤을
어찌 보낼까

가슴이 얼마나 미어질까
한동안 난 그 산책길을
마음이 아려 가지 못하고 있다

교육의 뒤안길에서
- 김상길 선생님

늦여름도 어느새 저만치
오늘은 산산한 바람이
파랗게 변해 가는 하늘을
닮아간다

호숫가 바람도 요요嫋嫋하다
가만가만 걸어가시는 한 분

아이들을 가르치는 것이 좋아
의대생이 교육대로 길을 바꾸고
평생 아는 것은 아이들을
가르치는 것 외에는 모른다는,

이제 햇살이 길을 내어 주는 대로
낮달과 함께 걷고 있다

첫가을 햇살이
은실 같은 머리카락에 윤슬처럼
남실거리는 오후

바다 추수철

쪽빛이 하늘과
바다 구분이 어렴풋하다
추수하려는 듯
가을 바다는
몽실, 몽실 몽돌에
미역을 깻단을 널듯
펼치고
철 지난 다시마도
한 편에 널고
갈색빛 톳도 햇살을
사근사근 먹고 있는
오후
소라가 귀를 쫑긋
세우고 파랑과 몽돌
합창하는 노래 듣고 있는
하! 바람, 햇살 눈 부신 날

주황색 빛깔

눈이라도 올 것 같은
늦은 가을 전철에 올랐다
학생이 불쑥 일어난다

한사코 "조금만 가면
내린다고 앉아가란다"
내가 벌써,

왠지 다리가 태엽처럼 풀리고 있는 것
같다
서녘 늙은 호박 주황빛이
서글피 차창에 얹혀
있다

거울이 내게

중늙은이가
"거 누구요?"
거울 속 늙은이
당신은 누구요?
물길 같은 흔적
지울 수 없다

3/부

어디로 갔지

연일 폭염이 난무하는데
달릴수록 시원하다

숲길을 지나는데
마치 초가을 길을
가는 것 같다

뜨거운 태양은 왜
어디로 갔지?
에어컨이 뱅뱅뱅

차창 밖,
가을이
따라오는 것 같다

어머니의 가슴

치자 빛 물드는 들녘
하! 고와
두렁길을 걸었다
타작 때나 남짓한
내음이 바람을 타고 왔다
아무리 둘러봐도
타작마당은 보이지 않는데
이 내음은 낱알들 입김이다
평생 처음 경이로운 체득이다
그 어느 향기가 이보다
더 값질까
생명의 어머니 젖 내음이다
맡기만 해도 배가 부를 벼가
익어 품어내는 물씬물씬한
내음 평생 이제야 맛보았다

동서남북

가을은 어디서
오는가
봄은, 여름은, 겨울,
그러면 가을은
동 서 남 북 어디서?

툭! 어디선가
밤 한 톨 떨어지는
소리 설익은 가을
여기서 오려나

두 눈동자

산책길에 나비가 살랑살랑
날고 있다 단풍잎 하나 나비처럼
낙엽은 가을 나비였다
공원에 있는 도서관에서
책을 읽고 싶다고,
할아버지 책을 읽으면 왜 좋을까요?
"걷는 것은 근육이 생기고 책을
읽으면 가슴이 건강해진단다"
공원에 있는 인생 사진 한 컷
찰칵! 소리
두 사람 마음을 영원히 찍었다

비 오는 밤

빗소리 간간이
나이 들어 행복한 밤
새벽같이 출근
안 해도 된다는 것
이른 아침 조반을
안 먹어도 된다는 것
애써 잠들려 안 해도
된다는 것
안 오면 안 온 대로
오롯이 나만의 시간을
가질 수 있다는 것
이 또한 즐겁지, 아니한가
생각을 생각하다 보니
어! 어,
새벽 창에 북새 놀이 비쳐오네

달빛이 내려앉은 뜨락

초가지붕에
박 열리듯
박속같이 하얀
달빛이 지붕을
쓰다듬더니
뜨락에 종일
바라보느라
힘들어
고개 숙인
해바라기
목덜미를
만져 주고 있다

힌남노

어둠 속에
밤새 우듬지를
달리던 성난 말갈기들은 어디서
그렇게 많은 물을 담아 와 퍼붓더니
새벽이 되니
언제 그랬냐는 듯이 시치미를 뚝 떼고
잠적해버렸다
햇살이 밤새 마음 졸인 물상들에게
따뜻한 햇살로
아침상을 차려 주고 있다

홍예다리

홍예다리 같은 무지개가 떴다
하늘 한편이 주홍빛
연지를 찍은 것처럼
물이 든다
주홍빛 노을이 보름달과 만나라고,

누가
저 오작교 같은
무지개다리를 걸어 놨을까
사뿐사뿐 밟고
건너편 달을 맞이하려고
입술에 동백꽃 빛깔 같은
연지를 바르고 있는 것일까

계절의 성년식

어제, 오늘도
이즈음 새벽 기운이
8·15로 지나면서
달라지는 것 같다

8·15 이전은 사금파리 같은
햇발의 시간이었다

8·15 지나면서
새벽 온도 바뀌는 것이
첫가을이 성년식을 치르고
있는 것 같다

오미크론 편지

"이 병원은 참! 밥이 맛있어요."

손녀와 아빠가 같이
확진되어
입원했다고 한다
고생할 손녀에게
많이 아프지? 위로의 말을 건네자
"응 오늘은 조금 덜 아파
근데 할아버지 여기
밥이 참 맛있어"

그래 아 참! 다행이다
환자가 밥이 맛이 있다는 건,
난 안도의 숨을 내쉬었다
서현이 참 대단하다
쓰나미 같은 역병도 잘 이겨내서
참으로 고맙다
나는 다시 되뇌어본다

'이 병원은 밥이 참 맛있어요'

그녀와 함께

솔솔 솔바람 불어
상큼한 느낌
창가 커피숍에
앉아 밖을 보다가,

아내가 보름달
뜨는 한가위에 쓴다고
양념에 고기를 재우려다
왔다고,

고기는 돈 주면 또
맛볼 수 있지만
우리에겐 지금 이 시각이
돈 주고도 못 산다고
하였다

시곗바늘은 되돌릴 수 있어도
시간은 되돌릴 수 없다고,
마음이 왠지 창 앞에
매달린 노랗게 물드는
잎새 같구나

밥 한번 먹자

오래전 알던 그이 마음에
 노크했다
밥 한번 먹자
"싫다"
 이보다 더 얼음장 같은
깔끔한 대답은 없을 것 같다

구월의 생각

바람은 구월이
오면 한결
시원하다는데

왜 내 마음은
무슨 까닭에
시원하지 않을까?
한결 시원한 나의 구월은
어디 있을까?

여윈 시간

사철나무 묘목 같았던
소년 모습 간 곳 없다

곧은 청솔 같은
청년 모습도 간 곳 없어라

잔잔 물결 같은 중년
모습도 간 곳 없고

그저 여윈 중늙은이가
서서 나를 들여다
보고 있다
참!
쓸쓸한 시간이네

긴가민가

춥다 못해 얼음처럼
차가운 날씨 연일 계속
되더니 요 며칠
겨울인가 초봄인가?
물 위에 얼음 같기도
하고 긴가민가해
작은 돌멩이 툭 던졌다
마치 물수제비처럼
통통통 뜀박질하듯
튕겨 가고 있다
영하의 겨울은
여기에 있었네
햇살은 그지없이
봄인데 머지않아
피어날 목련 솜털을
보고 있다

구구구

찬바람이 너무 춥다
그래도 정오가 바람을
채 치듯 잘게 썰어
불어 주니 잔잔하다

불그스레한 비둘기
발가락 빛 닮은 양지 같은
봄이 오라고 구구구
햇살을 쪼고 있다

홀로 카페

이 층 창가 햇살이 그지없이
봄볕처럼 따스하다
바람이 분홍빛 솜사탕처럼
달콤할 것 같다

혼자 서 있는 소나무 곁으로
한 사람 지나간다
뒤따라 한 줌 바람이 지나가고
어린아이가 킥보드
하나 타고 기우뚱

하얀색 토끼 앉아 있는
머리핀이 잘 어울리는
고시생인 듯한 여성
창가에 앉아 노트북을
꺼낸다

창가에 앉아 나는
커튼을 올렸다 내렸다
햇살 어루만지며 함께 놀고 있다

참! 무료한 일상이 주는
소리 없는 보석 같은 정적
햇살이 다정히 목덜미를 감싸 안는다

구월이 오면

가슴이 안쓰럽다
강물이 더 푸르게 보인다
아직도 한참이나 초록빛이
남아 있는 잎들이 잔디에
뒹구는 날들이 늘어간다
나는 어릴 적부터 구월이
되면 까닭 모를
서러움에 잠긴다
때로는 다 잡은 물고기가
손가락 사이로 쑥 빠져나간
허탈한 계절이다
또 오고 있을
첫 구월을 어떻게 마주할까?

초설

단풍나무 낭창낭창한
초리에
여윈 겨울 달빛 앉아 있다
초설은 소리 없이
새하얀 옷을 입고
발목으로
제 키를 재고
동백꽃은 하얀
머리띠를 두르고 있다

나목의 생각

어젯밤 비바람
도움으로
내 가지들은
깨끗해졌다
이제 한겨울 지나면
새순들이 물방울
맺혀 있는 자리에
필 것이다
파란 지붕 아저씨가
싸리 빗자루로 샛노란
단풍잎들을 쓸며
누가 듣고 있기나 한 것처럼
"아 참! 곱기도 한데
아쉽다"

면사포구름

초록을 안은 바람
개울가 다홍빛 나리꽃 지나
찌르레기 노랫소리 한창인
숲에 들고
나는 면사포구름의 마음을
헤아리고 있다

계절은 또 그렇게

밤새도록 폭우가
양동이로 물 쏟듯
퍼붓더니
아침이 싱그럽다
어쩌면 이번 여름
마지막 폭우일까
어느 여인이 앉았다
가는데
벤치에 뭔가 떨어져
있는 것 같아
다시 보니 폭우에 떨어졌을
잎새인 듯
그 잎 하나 여름을
남겨 두고 가고 있다

벚꽃 님네

그대
역광에 지금 보니
하얀 얼굴 간간이
연분홍도 찍혀 있어

벚꽃 님네 모습에
눈이 아찔하고
전신이 감전된 듯
찌릿찌릿하네

내 사춘기 때
단발머리를 본 듯,

참! 햇살에 가슴
떨리는 오후라네

붉은 메밀꽃
- 파랑波浪

메밀꽃밭 아침나절
내내 일구더니
잠시 안 보이는 것이
점심이나 먹으러
갔는지
오후엔 노을빛 담아 와
또 예쁜 꽃밭을 일구네

고귀하신 님 찬비 맞고

거룩한 주님의
어머니 마리아님
성탄절 조금 남겨 두고
눈바람처럼 차가운
겨울비를 맞고
계시네요
아들 보러 동방박사가
향유 가져오듯이
가뭄 극심한데
소나기 쏟아지니
고귀한 마리아님
은혜로움입니다

무한한 그곳

무한대 공간에 왜
하늘을 매달았지
하필 그 공간에

하늘 곳간에
무엇이 있기에
구름으로 가려놨을까

아니면 지구를
바로보기 쑥스러워
새털구름 가리개로
가려놨을까

댓잎이 하늘을
잡아 보려
저리 손 흔드는데
무엇이 그리 맘에 들지 않아
모른 척하는 것일까

그 모습 안쓰러워
서녘 하늘이
파티라도 열어 주려는지
석류꽃 빛깔로 단장을
하고 있다

삼방산 치맛자락

채반에 송편을
빚어 놓듯
산방산은 샛노란
꽃봉오리를 빚어 놓고
노랑 빛깔을
꽃바람 손에 쥐여 주며
구례求禮 산수유 동네
꼭 들렀다가 가라 하네

그림자가 빠뜨린 보련화*

소녀처럼 해맑은
연꽃을
그림자가 들고 오다
물속에 빠뜨렸다
저 연꽃
무엇으로 건질거나
바람으로
아니 눈으로
아니 마음으로
아! 사진으로
두레박 만들어
건져 볼까

* 보련화寶蓮華 : 불교에서 연꽃을 아름답게 이르는 말

젊은 가을

아이 눈동자처럼
청아한 천공
바람은 더 없이
상큼하고
돌담장에 아장아장
올라가는 담쟁이
불그레한 모습이
오랜 친구 만난 듯
정겹다
영글어 가는 가을날에는
간당간당 메말라 가는
잎새도 꽃으로 보인다

4/부

나는

매화밭 두렁길 걷는 스님을
포행布行이라 하듯
시인이 자연의 한 축을
디디는 산책을
나는 시행詩行이라고 생각한다
봄이면 쑥 향 맡으며
들길 밟고
가을이면 바람의 이야기
듣고 오면 한 편 시 탑을 쌓고
정작 글을 쓴 것은 우주의 소리
햇살이 부른 대로 달과 별이
쓴 것을 대필한 것뿐이라
난 전혀 한 일도 없어라

구절초

어둠이 채 가시지 않는
창 너머
서리 머금은 바람
애련한 구절초
덜덜덜 떨고
집 떠나온 여행자
심경心境이 애잔하다

여치 현을 고르고

찌르르 끼륵 끼륵
저마다 한 번씩 열창을
하더니
부리로 편백 향을
쪼아 먹고 있다
피톤치드는 그래도
여분이 있는지
내 폐부를 감싸주네
이제 막 돌배가 맛이
들어가는 첫가을 날
귀뚜라미는 다가오는
한가위 보름달 밤
연주하려고 현을
다듬고 있을까?

새알심 익어 가는 날

동짓날 묵언처럼
소리 없이
하얀 쌀가루
꽁냥꽁냥 내리고 있다

사그락사그락 담아 와
하얀 새알심 슥슥,
팥죽 쑤어 너도 한입
나도 한입

선암사의 봄

바람 따라,
봄이 물어다 놓은 햇살이
놓여 있는 따스한
바위에 앉아

아직은 성숙하지
못한 매화가 내 얼굴에
엷은 꽃잎 그림자로
스탬프를 찍어 주네

산진달래 가느다란
속 눈썹을 껌벅이고
풀숲을 산책하고 온
아내의 손끝에서
석상채石上菜* 내음이
봄 인사를 건넨다

* 석상채 : 돌 위에서 자라는 채소라는 뜻. 돌나물을 말한다.

점點

부처님 당신
발아래
티끌 같은 한 점
엎드려 있습니다
간곡히 드릴 말씀은
배고픔과 포성 없는
우주의 평화를
원하옵니다

비 잠시 그치면

이 비는 곧 끝날 거예요
저 들녘에 향기 가득한
양귀비꽃들 사이로
한 번 달려 봐요
손을 잡고 어린이처럼
그냥 달려 봐요
그러다 숨이 차면
자운영 한껏 피어 있는
들녘에 누워 하늘을
봐요
곧 무지개 저 노랑 장미
같은 꽃밭 색들처럼
무지개 피어나면
화들짝 놀란 듯
일곱 빛깔을 만지러
스카프를 날리며
뛰어가요
곧 잠시 비 그치면,
이 비는 꼭 그칠 거예요

연분홍 노을

바람이 떠나면서
그리움 남긴 곳
고혹한 빨간 장미가
홀로 서 있네
누군가 떠난
쓸쓸한 자리
보랏빛 앉아 있고

이렇게
기차마을은 성숙해 가고
모색은 짙어져 간다
누군가 서녘 하늘가
연분홍 장밋빛 노을 표를 끊어
순천행 기차를
기다리고 있다

애잔한 눈빛

초리에 매달린 잎새
바람을 부르고
초승달, 구름 미닫이
창을 열었다
닫았다
누구를 기다리는지?
상현달이라도
만나려는가
너와의 조우 반가웠지만
이내 긴 선로에 불빛 여운을
간직한 채 열차는 다음
역을 향해 손을 흔든다

손녀와 감

봄이 오면 울안에 배꽃이
하얗게 피고
가을엔 까치가 먼저
빨갛게 잘 영근
대추 맛을 본다
긴 장대 휘둘러 감을 따던
딸은 고단했던지
낮에 딴 감을 소쿠리에
몇 개 담아 두고
곤하게 잠이 들었다
외할머니는
손녀의 머리를 가만히
쓰다듬고
달빛이 살며시 마루의 감을
어루만지고 있다

삶이 낙서다

나 오늘 상 탔다
누가 날더러 좋아 보인다고
돈 좀 벌었다
집 한 채 샀다
IMF 내리막
물에 떠내가는
낙엽 한 잎처럼 손실 크다
거울에 중늙은이
서 있다
다 지내고 보니 인생이란
낙서다

바람이 꽁냥꽁냥

꽁냥꽁냥 바람 부니
노랑 날개 되어
저 초록 이파리에
앉고 싶어,

오늘따라 유난히 푸르디
푸른 하늘 보니
하얀 구름 걸어 주려고 가고 싶어

안목해변 커피 향 맛보러
마음이 가자 하니 열차로 갈까
버스로 갈까

생각은 벌써 설렘이 팡팡
앞서 경포대를 올라가고 있네

오동도

한때는 동백 숲
사이로 주점들 낙지볶음에
청주 한잔 곁들이면
동백 숲이 벗이 되고
절벽을 담쟁이처럼
차고 오르는 파랑은
장쾌하였지만
자연보호로 다 옛일
되었다
홀로 그곳에 서
술잔 기울이던 벗님
생각에
붉은 꽃잎 하나 손끝에
물리니 그 봄날이
새록새록 피어나네

외로운 시간들

나이 들면 더 외로움을
느낀다는데

떨어지고 있는 빨간 아기 손
같은 잎 하나 붙잡으려면
잠자리처럼
손바닥을 잘도 비켜 간다

외로운 손 한번 잡아 주면
우주가 감사할 터인데
오늘은 며칠 전보다
더 붉어져 가는 잎새들

살랑살랑 계추季秋와
춤사위하고
소슬바람이 마른 잎들
살강 거리는
노랫소리 듣고 있다

겹 동백

붉은 꽃잎들
켜켜이 포개진
팡, 팡, 함박꽃 같은
웃음들 지상에 내려와
흙내음을 맡고 있다가
소소리바람에
꽃송이가 움츠린다
지금 이들이 기다리는 건
살가운 햇살이려니

가을로 가는 길

산산한 이른 아침

빛바랜 솔가지 하나

툭 떨어져 있어,

장모님 계란찜

장마가 오려나 올해는 유난히 더 더운 것 같다
담장에 애호박이 먼저 반긴다
텃밭에 옥수수염이 전번보다 더 붉어진다

감나무 그늘 평상에서 여린 고구마 줄기를
다듬으시던 장모님이 "이렇게 더운데
어찌 기별도 없이 오는가"

어머니 아직 점심도 안 드시고 계실 것 같아
만두 좀 드시라고 사 왔습니다

장모님은 그래도 모처럼 왔는데,
도리상에 열무김치 물이 올라 싱싱한 풋고추가
나를 반긴다

"좀만 기다려 봐"
땀방울이 송송 맺힌 얼굴
짭조름한 계란찜이 오지그릇에서 바글바글

지금도 옥수수에
흰 구름이 지날 때면
그날 어머님이 해주시던 계란찜이
몹시 그립고 많이 뵙고 싶습니다
어머니,

그리움을 기다려도 될까요

오지 않는다
좀처럼 오지 않는다
어쩌면 안 올 수도
있을까
옥수수밭 안개가
자욱하다
하지만 곧 서녘 바람에
흔적 없이 깊은 계절
속으로 숨어들겠지
창밖에 성숙한 가을이
찾아올까
그 주홍빛 기다리는 마음
그리움을 기다려도 될까요

파초

가녀린 얼굴에
겨울비 툭툭
나목 초리에
새 한 떼 날아들어
날개를 촘촘히 털고
설한에 파초 잎
파르르 파르르
해는 추워서 그런지
비만 나가 보라 하네

부채꼴 사랑
- 영랑생가*

벗들아, 글쟁이들아
저 상큼한 바람에
노랑나비처럼 날고 있는
부채꼴 보러 가자

선생의 혼불처럼
역광에 빛을 발하는
생가 마루에 앉아

아무 말 없이
바라보다 경이로워
눈시울이 붉어지면

은행나무에 기대어
아무렇지도 않은 듯
시디신 슬픈 미소를 지어보자

* 영랑생가 : 우리나라 대표 서정시인 영랑 김윤식 선생의 생가를 1985년 강진군에서 매입하여 원형 그대로 보존관리 해오고 있다. 가을이면 노랑 은행잎이 온통 마당에 가득하다. 생가에는 시의 소재가 되었던 샘, 동백나무, 장독대 등이 그대로 남아 있다.

혼자라 더 좋은 길

길은 길인데
나 왜 이 길로 걷고 있지
안 걸을 수도 있는데
굳이 왜

누군가가 알려주고
그는 왜 안 오는 걸까
그런데 나는 왜 안 오는 것을
골똘히 생각하지?

생각하지 않아도 될 일을
이것이 더 궁금하다
혼자 가는 길 외로워서
더더욱 좋을 것 같다

김 씨 아저씨

물결이 일렁일 때마다
갈매기가 날아오르는 것 같다
어망 점점 배가 불러오고
물안경에 소라 꽃 피었네
파랑은 옥돔을 몰고
우도 지나 어야디야
함덕 해안으로 노를 젓고 있다
둥개둥개
김 씨 아저씨 만선 깃발 날리시오

바람도 예쁜 날

숲길에 보랏빛 수국이
한껏 피었다
초록 잎들 그늘 아래
맑은 꽃, 방실 웃는 꽃
복숭앗빛 올망졸망
걸어오고 있다
세상에 참 예쁘고
곱기도 하여라
어린이집 선생님은
아이를 닮아 가는지
미소가 수줍은 수선화
같아라

감을 딸 듯 말 듯

나는 가을 느껴 보러 가고
그대 낙엽은 겨울 만나러 가는
중인지 모르지만

발바닥 사근거림이
좋아 걷다가
문득 비켜 걷는다
사르르 사르르
늦가을 울림이 허전하여

다행히 차가운 바람
햇살이 감춰 준다
열차는 물들어 가는
단풍들을 싣고

잰걸음으로
남녘들 발그레 익어 가는
감을 딸 듯 말 듯 지나가고 있다

겨울 초록

지인이 문 앞에 두었다는,
냉이가 쑥 들어왔다
봉지를 열자
향기가 상큼하다
머리칼이 하얗게 세어버린
두 얼굴이 서로 마주 앉아
봄을 손끝으로
캐고 있다

땅이 다 받아 주고 있다

집 앞에도
둑길도
꽃잎이 다 아 졌다
간밤에 비바람이 창을
흔들더니
간다는 인사였을까
마당에 널브러져 있던
희뿌연 꽃잎들조차도
봄이 데리고 갔는지,
그나마 차에 몇 잎 남아
빗방울을 머금고 있는 것
외에는 없다
슬며시 외로움
가슴 줄기를 타고 오른다
마치 담쟁이처럼,
나는 아무렇지 않은 듯
또 몇 달 지나면 올 텐데,
담장 가 연초록 배나무 새순이
꽃처럼 예쁘다
참! 감나무 새순을 찾아 어디로

가볼까
들리는 소문에는
순천 낙안읍성이 좋다는데
생각에 기대어
날짜를 어림잡아 보고 있다

달빛이 내려앉은 뜨락

초가지붕에
박 열리듯
박속같이 하얀
달빛이 지붕을
쓰다듬더니
뜨락에 종일
바라보느라
힘들어
고개 숙인
해바라기
목덜미를
만져 주고 있다

내가 사는 방

수년째 이 방, 거실, 저 방
글에 대한 도리가 아닌 것 같다
책을 쟁여 둔 창고 같은 방을
새로 꾸며 책장에 시집, 책들 몇 권
꽂아 두고 하루에도 몇 번씩
문을 여닫고 때론 베란다 너머로
달무리를 보다가 책상에 앉아
생각에, 생각을 더한다
여명에 잠을 청하기도 한다
규모는 작지만 글방이라고
생각하며 마음속으로 긴장감을
가지려고 서재라고
생각하기로 했다
방문에 집필실이라고 써 붙여 놓았다
아마도 세상에서 가장 작은 서재가
되겠지만 그래도 나에겐 얼마나
소중한 공간인가!
오늘도 스스로 자축하며 집필실
글귀를 되뇌어 본다

그리움을
기다려도
될까요